Pour Rebecca, Eléonore, Eneko, Oscar,
Philippine, Gauthier, William, Grégoire.
Un grand merci à Nonore
pour ses conseils éclairés sur les équidés.

ISBN : 978-2-35068-290-7

Raconte-moi les Mousquetaires

Texte André Lasserre - Illustrations Ohazar

éditions CAIRN

Un pour tous,
tous pour un !

C'est la devise des mousquetaires des romans d'Alexandre Dumas. Sans lui et sa célèbre trilogie, les *Trois Mousquetaires, le Vicomte de Bragelonne* et *Vingt ans après,* ces gentilshommes* n'auraient pas connu la popularité qui est la leur. Ils ont inspiré non seulement les romanciers mais aussi les musiciens et encore les peintres, les sculpteurs, les cinéastes… On retrouve les mousquetaires dans des dessins animés, des bandes dessinées…

Pourtant, les mousquetaires ne sont pas que des héros de légende ! Ils ont réellement existé et formaient une compagnie d'élite** au service des rois de France. Le plus célèbre d'entre eux est d'Artagnan.

Le nombre de films sur les mousquetaires dépasse largement la centaine. De très bons films… et de très médiocres.

* Gentilhomme (pluriel : gentilshommes) : homme noble.

**Compagnie d'élite : groupe de soldats de grande valeur.

Naissance des Mousquetaires

À la fin du XVIe siècle, une compagnie de cavalerie est affectée à la garde du roi par Henri IV. Ces gardes, quasiment tous des gentilshommes, étaient armés de petites arquebuses appelées carabines et tout naturellement ils prirent le surnom de Carabins du roi.

En 1622, le fils d'henri IV, Louis XIII, encore tout jeune roi, dote la compagnie d'un mousquet à la place de la carabine.

Les mousquetaires du roi sont nés !

Le mousquet fait le mousquetaire

Le mousquet remplace l'arquebuse et sera remplacé par le fusil.

Tous les trois se présentent de la façon suivante : un canon en métal ouvert à un seul bout et emboité dans une crosse en bois. Ce sont des armes que l'on épaule, encore que les premières arquebuses s'appuyaient sur la poitrine.

Entre ces trois armes, s'il y a bien des différences, le principe reste le même : il s'agit de faire brûler de la poudre à l'intérieur du canon, ce qui provoque un violent dégagement de gaz qui propulse un projectile… plus ou moins lourd, plus ou moins vite, plus ou moins loin. La cadence de tir est faible, peut-être une balle par minute.

Mais comment ça marche ?

L'arquebuse est lourde, mais le mousquet qui la remplace est encore plus lourd, quatre à cinq kilogrammes et il peut atteindre dix kilogrammes. En revanche, il est plus puissant, sa portée efficace est d'une cinquantaine de mètres (pas terrible, hein ? Il faut bien débuter !). Son poids et sa longueur obligent le tireur à utiliser une fourche métallique (la fourquine) que l'on pique en terre pour soutenir le canon.

Maintenant, plus difficile, il faut un système pour enflammer la poudre. Est utilisée une mèche à combustion qui, par un ingénieux système, assure la mise à feu de la poudre et le coup part avec beaucoup de bruit et de recul et de fumée.

Une autre façon de procéder à la m
à feu : on utilise le rouet, une roue
dentée tirant d'une pierre (la pyrite
une étincelle. C'est le mousquet à
rouet.

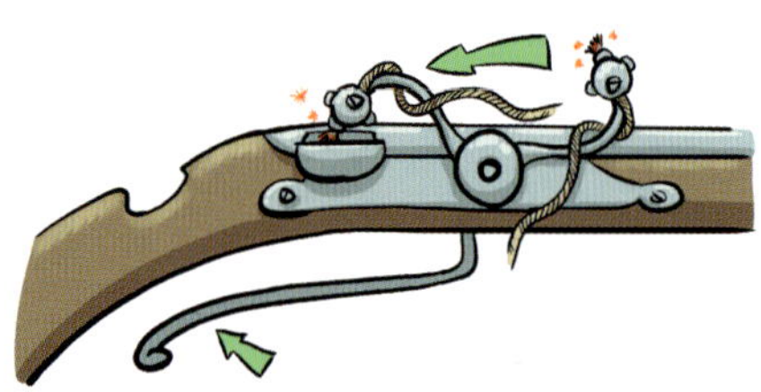

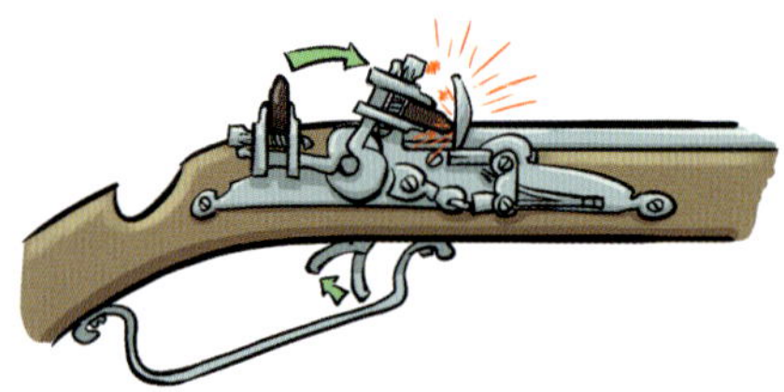

En garde !

L'épée est l'arme de corps à corps.

Elle est réservée au soldat ou à l'homme de qualité (c'est-à-dire noble...).

Une épée comprend une lame et une poignée. Elle est portée sur le côté, enfoncée dans un fourreau et suspendue à un baudrier.

L'épée du XVIIe siècle, que l'on nomme rapière, est fine, flexible, assez légère et longue. La lame de l'épée de d'Artagnan aurait mesuré, prétend-on parfois, 1,20 mètre de long ! C'est essentiellement la pointe de la rapière qui sert : c'est une arme d'estoc*.

La garde** de l'épée dite « à la mousquetaire » est constituée de trois éléments destinés à protéger la main, notamment la coquille, qui fait penser à un bol de métal renversé.

*Arme d'estoc : les coups sont portés avec la pointe de l'épée.
**Garde de l'épée : protection de la main entre la poignée et la lame (par exemple une coquille).

Un mousquetaire, oui

Il convient d'apporter ici une précision d'importance afin d'éviter une possible confusion. Un mousquetaire est un soldat armé d'un mousquet et quasiment chaque armée de chaque pays, y compris l'armée française, bien sûr, possédait des troupes armées de mousquets, c'est-à-dire des mousquetaires. Mais, ce qui nous intéresse n'a rien à voir avec ces mousquetaires-là. Non. Il s'agit de mousquetaires biens particuliers, nobles pour la plupart d'entre eux : **les mousquetaires du roi** qui composent une, puis deux prestigieuses compagnies préposées à la garde du roi.

Le mousquetaire du roi se distingue par le port d'une casaque* bleue, bordée d'un galon, ornée de quatre croix blanches brodées sur la poitrine, le dos et les manches.

Entre 1622 et les années 1670, les mousquetaires, qui s'équipaient à leurs frais, sont habillés comme tout citadin de quelque importance. Pourtant, on n'ignorait pas l'utilisation de marques particulières de reconnaissance : à la guerre, on pouvait ainsi éviter de s'entretuer.

…nais un mousquetaire du Roi !

C'est pourquoi, petit à petit, la mise en place de signes distinctifs se généralise pour donner les uniformes autour des années 1660-1670. Vers le milieu du XVIIe siècle, les mousquetaires portent un pourpoint, c'est-à-dire une sorte de veste courte, à manches larges resserrées aux poignets sur une chemise blanche ample et bouffante ; un haut-de-chausses, espèce de pantalon court, coupé à hauteur du genou et des bas-de-chausses (des bas). Ils semblent porter des bottes, mais en réalité, ce sont de fausses bottes, des tiges cousues sur le bord du soulier. La coiffure est souvent un large chapeau en feutre.

À partir du moment où ils ont un uniforme, certainement en 1673, leur tenue est superbe, rouge écarlate. La soubreveste** qui n'a pas de manches remplace la casaque mais garde la même couleur bleue.

Elle est ornée sur la poitrine et au milieu du dos d'une croix blanche dont les pointes sont terminées par des fleurs de lys, emblème royal. Un chapeau noir à plumet et des bottes complètent la tenue.

*Casaque : blouse courte, ample, avec des manches.
**Soubreveste : comme la casaque mais sans manches.

La Compagnie au complet

Un capitaine : le roi

Des officiers :
un lieutenant (ou capitaine-lieutenant) qui assure le commandement effectif ; un sous-lieutenant ; un cornette, grade le moins élevé des officiers.

Plus tard, la compagnie possède son étendard, un carré à fond blanc avec une devise : la figure représente une bombe tombant sur une ville ; la sentence est la suivante : Quo ruit et lethum (où elle tombe est la mort).

Sous Louis XIII, la compagnie des mousquetaires du roi comprend une centaine d'hommes. Plus tard, Louis XIV portera son effectif à 150 hommes et jusqu'à 300.
À ce moment-là, la compagnie comprend :

Des sous-officiers : deux maréchaux des logis.

Un fourrier, chargé spécialement des écuries.
Un trompette, mousquetaire chargé de jouer les sonneries sur sa trompette.
Un maréchal-ferrant, pour ferrer les chevaux.

Nul doute : le mousquetaire est un homme de guerre !
La seconde compagnie, formée en 1660, a connu la même organisation.
Pour l'uniforme, les deux compagnies de mousquetaires ne se distinguent que par la couleur des galons, boutonnières, boutons, bords du chapeau, ici d'or pour la première compagnie, là d'argent pour la seconde.

Les jouets du pouvoir : 1622 - 1646

Louis XIII a toujours eu la passion des chevaux, des armes, des revues, des défilés militaires (on disait des « montres »). C'est un excellent cavalier et il se veut le capitaine en titre de l'illustre

compagnie tandis que le commandement effectif est assuré par un capitaine-lieutenant. Il s'agit de M. de Tréville à partir de 1634.

1646 : Par ordonnance du jeune roi, Louis XIV n'a que huit ans, le cardinal-ministre Mazarin qui ne supporte pas l'indépendance affichée par M. de Tréville, obtient la suppression de la compagnie en prétextant des coûts élevés liés à l'entretien. Les mousquetaires sont alors intégrés dans les autres corps militaires.

1657 – 1776 :

1657 : Louis XIV rétablit la compagnie des mousquetaires et passe son effectif de 100 à 150 hommes. Le commandement est confié au jeune neveu de Mazarin, Philippe-Julien Mancini, duc de Nevers.

1660 : Le cardinal Mazarin offre au roi sa garde personnelle. Louis XIV en fait une seconde compagnie de mousquetaires, dont l'organisation est identique à celle de la première compagnie, dite des « Grands Mousquetaires ».

La vie quotidienne des mousquetaires

Les mousquetaires du roi faisaient partie des gardes de la personne du roi. Ce sont eux qui ouvraient la marche quand le roi quittait le Louvre et, plus tard, Versailles.
Les rois manifestaient un réel intérêt pour les mousquetaires, particulièrement Louis XIII et Louis XIV. Tous deux aimaient les parades et les manœuvres. On dit même que Louis XIV, enfant, se plaisait à faire évoluer « ses » mousquetaires dans la cour du palais.
Il est vrai que ce corps d'élite représentait la fine fleur* des cadets de la noblesse française qui ne rêvaient, en entrant dans les armées royales, que d'être admis chez les mousquetaires, de « prendre la casaque ».

*Fine fleur : ce qu'il y a de mieux.

Les mousquetaires logeaient où ils voulaient dans Paris. Ou, plus exactement où ils pouvaient, compte tenu de leur solde de 35 sous par jour vers 1660, ce qui correspond à une cinquantaine de livres par mois. À titre de comparaison, un maçon gagne de 10 à 14 sous par jour…

Ils eurent plus tard leur caserne, toujours dans le faubourg Saint-Germain, rue du Bac. D'Artagnan lui-même habitait cette rue.

La seconde compagnie logeait faubourg Saint-Antoine et, au XVIIIe siècle, elle occupe une caserne construite pour elle, rue Charenton, toujours présente dans l'actuel hôpital des Quinze-Vingts.

La vie des mousquetaires se partage entre les tours de garde, l'entraînement aux armes, les manœuvres, les cérémonies qui exigent leur présence. Même en temps de paix, leur vie était quelque peu tumultueuse.

Volontiers querelleurs, ils se battent souvent en duel (bien que cela soit interdit par décret royal) dans des lieux retirés comme le célèbre enclos du Pré-aux-Clercs, proche de l'abbaye de Saint-Germain ou le terrain vague devant le couvent des Carmes déchaux.

D'Artagnan « *se battait comme un tigre en fureur, tournant dix fois autour de son adversaire, changeant vingt fois ses gardes et son terrain. Jussac [officier des gardes du cardinal Richelieu] était, comme on le disait alors, friand de la lame, et avait fort pratiqué ; cependant il avait toutes les peines du monde à se défendre contre un adversaire qui, agile et bondissant, s'écartait à tout moment des règles reçues, attaquant de tous côtés à la fois […]. Jussac, voulant en finir, porta un coup terrible à son adversaire en se fendant à fond ; mais celui-ci para prime, et tandis que Jussac se relevait, se glissant comme un serpent sous son fer, il lui passa son épée au travers du corps. Jussac tomba comme une masse* ». Alexandre Dumas, *Les Trois Mousquetaires.*

Les « Gris » et les « Noirs »

Au début des années 1660, Louis XIV décide que chaque compagnie devra se distinguer par la couleur de la robe de ses chevaux.

De la sorte, les mousquetaires de la première compagnie, les « Grands Mousquetaires », montent des chevaux gris (ou blancs) et, très rapidement, les Parisiens les surnomment « les mousquetaires gris ».

Les mousquetaires de la seconde compagnie, eux, sont équipés de chevaux noirs et deviennent les « mousquetaires noirs ».

Nos quelque trois cents mousquetaires devaient avoir fière allure, à partir des années 1670 : uniforme écarlate, soubreveste bleue ornée de croix blanches, une moitié sur des chevaux blancs ou gris et l'autre moitié sur des chevaux noirs. On reconnaît ici le goût du roi Louis XIV pour les revues et le panache.

Les Cadets de Gascogne

En Gascogne, la coutume veut que les biens familiaux ne soient pas partagés lors d'une succession et qu'il n'y ait qu'un seul héritier, généralement l'aîné(e). Dépourvus d'héritage, les puînés, particulièrement les petits gentilshommes, se tournaient volontiers vers l'armée, à tel point que, dans les années 1560, lors de la création du régiment des gardes françaises qui étaient chargées de la protection du roi, la majorité des dix compagnies étaient commandées par des capitaines gascons. Plus tard, bien des Gascons furent mousquetaires du roi. Ils sont si nombreux dans l'armée que le fait a influencé la langue française : en gascon, on appelait ces puînés, souvent gradés des armées, les « capdets », c'est-à-dire cadets et ce terme, qui signifiait chef et qui les désignait, s'est substitué à celui de puîné.

Parmi les plus célèbres de ces cadets on peut citer le palois Jean de Gassion (1609-1647), apparenté à d'Artagnan et maréchal à 34 ans ; ou encore M. de Tréville, né à Oloron, capitaine des mousquetaires en 1634.

Cyrano et ses hommes.

De Carbon de Castel-Jaloux ;
Bretteurs et menteurs sans vergogne,
Ce sont les cadets de Gascogne !
Parlant blason, lambel, bastogne,
Tous plus nobles que des filous,
Ce sont les cadets de Gascogne
De Carbon de Castel-Jaloux
Œil d'aigle, jambe de cigogne,
Moustache de chat, dents de loups,
Fendant la canaille qui grogne,
Œil d'aigle, jambe de cigogne,
Ils vont, coiffés d'un vieux vigogne
Dont la plume cache les trous !
Œil d'aigle, jambe de cigogne,
Moustache de chat, dents de loups !
Perce-Bedaine et Casse-Trogne
Sont leurs sobriquets les plus doux ;[…]

Edmond Rostand, Cyrano de Bergerac,
pièce de théâtre, 1897.

D'Artagnan, le plus célèbre des mousquetaires

Sur son bidet*, le jeune Charles de Batz-Castelmore, laissant parents, frères et soeurs, quitte son manoir de Castelmore qui se dresse, dans le Gers, non loin de la commune d'Aignan et de celle de Lupiac. Il « monte » à la conquête de Paris, où il prend le nom de d'Artagnan.

Artagnan, c'est le village de sa famille maternelle, les Montesquiou, seigneurs d'Artagnan, en Bigorre, dans le val d'Adour. C'est le nom qu'a retenu l'histoire. C'est aussi le nom qu'a retenu Alexandre Dumas pour faire du jeune Charles de Batz le héros de son roman de cape et d'épée, les Trois Mousquetaires, grâce à qui la renommée de d'Artagnan est universelle.

Aujourd'hui, à Lupiac, la chapelle Notre-Dame abrite un musée qui lui est consacré.

* En vieux français, un petit cheval à tout faire.

PARIS
LUPIAC
AIGNAN

Oups !

Si nous suivons Alexandre Dumas, voici d'Artagnan à Paris et bientôt au siège de La Rochelle avec les mousquetaires et notamment ses amis béarnais Athos, Porthos et Aramis.

Ces trois-là ont bel et bien existé, mais... d'Artagnan au siège de La Rochelle ? En 1627 ? Mais non, mais non, c'est impossible, monsieur Dumas ! Il n'arrive à Paris que dans les années 1630 ! Vous prenez bien des libertés avec la réalité ! Mais vous nous faites tant rêver que vous êtes tout pardonné.

Le général Dumas, père du romancier Alexandre Dumas, était un métis né aux Antilles (île Saint-Domingue) d'un père français et d'une mère d'origine africaine. C'est le premier général de l'armée française d'origine afro-antillaise.

Une vie d'aventures

D'Artagnan fait d'abord ses armes au sein du célèbre régiment des gardes françaises, où il acquiert gloire et renommée. Il entre chez les mousquetaires en 1633.

À la mort de Louis XIII, la reine et son ministre Mazarin gouvernent car Louis XIV est encore un enfant. Bientôt, D'Artagnan est au service personnel de Mazarin. Celui-ci lui confie plusieurs missions de confiance.

La France traverse une période de graves troubles que l'on appelle la Fronde (1648-1653).

Le pouvoir royal est contesté, fragilisé. Mazarin fut même forcé de s'exiler en 1651 et 1652. D'Artagnan lui sert de messager, par exemple auprès de Colbert et des autres amis loyaux restés en France.

Devenu adulte, Louis XIV n'oubliera jamais la fidélité dont fit preuve d'Artagnan envers la royauté pendant ces difficiles moments. En 1658, il nomme d'Artagnan sous-lieutenant dans la compagnie des mousquetaires du roi. Il est alors sous les ordres du capitaine-lieutenant, le duc de Nevers. En 1667, il obtient enfin la charge prestigieuse de capitaine-lieutenant de la première compagnie des mousquetaires du roi dont il reste le commandant jusqu'à sa mort.
Comment est-il mort ? Patience, nous l'apprendrons un peu plus loin.

Une compagnie de prestige...

Les mousquetaires sont de toutes les cérémonies royales.
Ainsi, ils font partie du somptueux cortège de Louis XIV qui se rend à Saint- Jean-de-Luz pour épouser l'infante Marie-Thérèse d'Autriche, fille de Philippe IV, roi d'Espagne.
L'été 1659, la suite quitte Fontainebleau, visite les provinces du Midi, est à Auch le 24 avril 1660, puis à Vic-Fezensac, Nogaro, en passant tout près du château de Castelmore, où naquit d'Artagnan, puis Mont-de-Marsan, Dax, Bayonne.
Le mariage est célébré le 9 juin 1660 en l'église Saint-Jean-Baptiste de Saint-Jean-de-Luz.
Bien sûr, nos mousquetaires sont encore du cortège de retour qui voit l'entrée triomphale du roi et de la reine à Paris, le 26 août 1660.
La compagnie des « Grands Mousquetaires » avec leurs casaques de velours bleu était divisée en quatre brigades portant chacune un panache particulier, la première avec des plumes blanches ; la deuxième avec des plumes blanches, noires et jaunes ; la troisième, blanches et bleues ; la quatrième, blanches et vertes. En tête, le sieur d'Artagnan, fièrement campé sur un très beau cheval.

… Mais soldats avant tout !

Cependant, le rôle des mousquetaires ne se réduisait pas à la parade : ils ont participé à bien des batailles. En voici un exemple. Nous sommes en juin 1673, pendant la guerre de Hollande (1672-1678) qui oppose la France aux Provinces-Unies, nommées Hollande par facilité, du nom de l'une des sept provinces. La France a pour alliés l'Angleterre, l'archevêché de Münster et la Suède. Les Provinces-Unies sont soutenues par l'Espagne, le Brandebourg, le Danemark et le Saint- Empire. La puissante armée de Louis XIV forte de 26 000 fantassins, de 19 000 cavaliers et de 58 canons se heurte à la résistance de la ville de Maastricht extrêmement bien fortifiée et défendue par une solide garnison de 6 000 hommes.

Il faut tout le génie de Vauban, ingénieur du roi, spécialiste des fortifications, pour mener à bien un siège aussi difficile. Il fait creuser des tranchées qui permettent aux soldats de se rapprocher des remparts.

Les mousquetaires sont présents. D'Artagnan reçoit l'ordre d'attaquer un poste de défense, une demi-lune, ouvrage fortifié avancé en dehors de l'enceinte et considéré comme un point faible dans le système de défense. La demi-lune est prestement enlevée mais, parce qu'elle est mal gardée, une contre-attaque chasse les assaillants.

Une victoire chèrement payée.

Le lendemain, le 25 juin, un nouvel assaut est donné, toujours dans le fracas des coups de feu, des cris, des roulements de tambours, du grondement des canons, dans la fumée, les jurons, les hurlements d'agonie et la demi-lune est enfin prise.

Mais à quel prix !

Quatre-vingts « Grands Mousquetaires » ont péri. Une cinquantaine sont blessés dont certains mortellement.

D'Artagnan, lui, a reçu une balle de mousquet qui a transpercé sa gorge. Il n'y survit pas. Il avait alors une soixantaine d'années, car on ne connaît pas la date exacte de sa naissance (vers 1613, à 3 ou 4 ans près).

Quelques jours plus tard, la place se rend et Louis XIV fait une entrée triomphale dans Maastricht précédé de ses mousquetaires… c'est-à-dire de ceux qui restent…

Maastricht n'est qu'une bataille parmi des dizaines et des dizaines d'autres faits d'armes glorieux.

La fin des mousquetaires

Malgré la longue liste de leurs faits d'armes, Louis XVI dissout les deux compagnies en 1776 pour des raisons budgétaires. C'est la fin d'une époque.

En 1789 la compagnie est remise sur pied par Louis XVI... mais disparaît avec la Révolution.

1814 : Lors de la Première Restauration, après la chute de Napoléon exilé à l'île d'Elbe, Louis XVIII reforme le corps des mousquetaires.

1816 : Dissolution définitive de la compagnie des mousquetaires du roi.

Certes, les mousquetaires ont disparu, mais ils ont marqué l'histoire. Et ils ont tant frappé l'imaginaire que la statue de d'Artagnan se dresse aussi bien à Auch, Condom ou Paris qu'à Maastricht dans les Pays-Bas (où il a trouvé la mort) et jusqu'aux Etats-Unis, à Cincinatti.

Mise en page et suivi de fabrication
Atelier Graphique Cairn
Achevé d'imprimer en novembre 2014
par G.N. Impressions
pour le compte des Editions Cairn
BP 1503 29, rue Carrérot 64015 Pau
Tél. : 05 59 27 45 61 Fax : 05 59 98 84 89
editions-cairn@wanadoo.fr - www.editions-cairn.fr
Dépôt légal : novembre 2014